मदारी

सफ़ीर रे

Book Title: MADAARI

Author: Mr. Gaurav Anand 'Safeer Ray'

ISBN: 978-93-341-4982-1

Published by: Self-Published

First Edition: 2024

"ये पुस्तक समर्पित है मेरे आराध्य प्रभु श्री राम,
मेरे पिता स्व. आनन्द कुमार जी,
मेरी माता श्रीमती रश्मि श्रीवास्तव जी,
और मेरे नाना स्व. सरयू प्रसाद जी को"

आभार

मैं पिछले कई वर्षों से साहित्य से गहराई से जुड़ा रहा हूँ। कविताएँ, ग़ज़लें और कहानियाँ मुझे हमेशा आकर्षित करती रही हैं। हालांकि मैं कोई विधिवत शिक्षित ग़ज़लकार नहीं हूँ, परंतु कई महान लेखकों और ग़ज़लकारों को पढ़कर,सुनकर और समझकर इस विधा में जो थोड़ी-बहुत जानकारी अर्जित की है,उसी आधार पर यह पुस्तक लिख रहा हूँ। इस यात्रा में जिन लोगों ने मेरा मार्गदर्शन किया है, उनके प्रति मैं अपना आभार व्यक्त करना चाहता हूँ।सबसे पहले मैं अपने आदरणीय गुरु, डॉ. संतलाल विश्वकर्मा जी के प्रति आभार व्यक्त करना चाहूँगा, जिन्होंने बचपन से ही मुझे लेखन की दिशा में प्रेरित किया।मेरी प्रारंभिक, अधूरी और कच्ची कविताओं को भी उन्होंने गंभीरता से सुना और उनमें सुधार कर मुझे आगे लिखने के लिए हमेशा प्रेरित किया। इतने वर्षों बाद भी उनका मार्गदर्शन निरंतर प्राप्त हो रहा है और साहित्य के प्रति मेरे प्रेम को और अधिक गहराई देने में उनका बड़ा योगदान है।

मैं अपने प्रिय मित्र सौरभ अरोड़ा का भी आभार व्यक्त करता हूँ, जो दिल्ली मेंनिवास करते हैं। उन्होंने हमेशा एक सच्चे मित्र की भांति मेरी ग़ज़लों और कविताओं को इस पुस्तक के माध्यम से एक मंच देने का आग्रह किया और यह उन्हीं की प्रेरणा का परिणाम है कि मैं इस पुस्तक को लिखने में सक्षम हो पाया हूँ। विशेष रूप से, पुस्तक का शीर्षक मदारी, जो कि मेरा एक उपनाम भी है,सौरभ द्वारा मुझे दिया गया है। वो मुझे इसी नाम से बुलाते है।

इस अवसर पर मैं अपने छोटे भाई, सौरभ आनंद श्रीवास्तव का भी धन्यवाद करता हूँ, जिन्होंने मुझे हमेशा लेखन के लिए प्रेरित किया। साथ ही, मेरे मित्र निर्मल सिंह 'नीर' का भी आभार व्यक्त करता हूँ, जिन्होंने मेरे लेखन को सुधारने में निरंतर मेरी मदद की और मुझे बेहतर बनाने के लिए आलोचनात्मक दृष्टिकोण से पढ़ा और सुना। मैं अपने उन मित्रों का भी विशेष आभार प्रकट करना चाहूँगा, जिन्होंने अपनी व्यक्तिगत रुचि न होने के बावजूद मेरी ग़ज़लों और कविताओं को सुनकर मुझे प्रोत्साहित किया। इन मित्रों में शामिल हैं: वेद प्रकाश सिंह, अरुणेश सिंह, अधिवक्ता रोहित प्रताप सिंह, आशीष मौर्या, अब्र जी, कल्पना पाण्डेय,प्रशांत कुमार,अमित पाण्डेय और काजल झा. यह सभी मित्र मेरे साहित्यिक सफर के महत्वपूर्ण स्तंभ रहे हैं और उनके सहयोग, प्रेम और प्रोत्साहन के बिना यह पुस्तक संभव नहीं होती। मैं उन सभी का हृदय से आभार व्यक्त करता हूँ।

सादर, सफ़ीर रे

प्रस्तावना

इस पुस्तक में संकलित ग़ज़लें और कविताएँ साहित्यिक यात्रा की एक अनोखी प्रस्तुति हैं,जो जीवन के विभिन्न आयामों को छूती हैं। यह रचनाएँ न केवल व्यक्तिगत अनुभवों और भावनाओं की अभिव्यक्ति हैं,बल्कि जीवन के विभिन्न पहलुओं,संबंधों,प्रेम,विछोह,संघर्ष और आत्म-साक्षात्कार को भी प्रतिबिंबित करती हैं।पुस्तक में भावनात्मक अनुभवों को सरल, परंतु प्रभावशाली भाषा में प्रस्तुत किया है,जिससे पाठक सीधे तौर पर जुड़ सकें। यह पुस्तक उन सभी के लिए है, जो साहित्य के माध्यम से जीवन की सच्चाईयों को समझने की कोशिश करते हैं और जो भावनाओं की गहराई में जाकर अपने सवालों के उत्तर ढूंढते हैं।इस संग्रह में न केवल साहित्यिक सौंदर्य बोध है, बल्कि ग़ज़लों की गहराई, कविताओं की भावुकता और भाषा की सादगी भी एक खास आकर्षण प्रदान करती है। यह पुस्तक लेखक के साहित्यिक सफर का प्रतिबिंब है, जिसे उन्होंने वर्षों के अनुभवों से संजोया है।आशा है कि यह पुस्तक साहित्य प्रेमियों को प्रेरित करेगी और वे इसके माध्यम से भावनाओं की अनुगूँज को महसूस करेंगे।

अभिमत

डॉ. संत लाल विश्वकर्मा

'राष्ट्रीय कवि एवं प्रख्यात साहित्यकार '

मुख्य भाषा सलाहकार

देवास्त्रा टेक्निकल सॉल्यूशंस

ली मेरिडियन कमर्शियल टावर

विन्डरसन प्लेस

नई दिल्ली - 110001   मोबाइल - 07348751297, 09451073802

श्री गौरव आनंद 'सफ़ीर रे ' का ग़ज़ल संग्रह 'मदारी' नायाब गज़लों का खजाना है। उर्दू अदब में गज़लों का अपना इतिहास और मुकम्मल स्थान है। ग़ज़ल लिखने की परंपरा जितनी पुरानी है उतनी ही ग़ज़ल कहने की परंपरा भी। पुरानी गज़लों को देखने से पता चलता है कि पहले इनका संबंध आशूका माशूका से ही संबंधित था, लेकिन समय के साथ गजलों का कथ्य बदला, रुप बदला और गजलों में विषय वैविध्य समेट जाने लगा। ग़ज़लें प्रेम-विरह-रोमांस के वर्णन के साथ-साथ दबेवा के माथे की शिकन तक बयां करने का सशक्त माध्यम बनी। इनमें नए-नए प्रयोग किए गए। जब प्रयोगों की बात आती है तब जेहन में श्री गौरव आनंद 'सफ़ीर रे' का नाम उभरता है जिन्होंने अपने ग़ज़ल संग्रह में गजलों पर प्रयोग करके उन्हें प्रयोगधर्मी बनाकर नयापन और ताज़गी दी है। विभिन्न विषयों को समेटे हुए ग़ज़ल संग्रह 'मदारी' सफ़ीर रे को एक प्रयोगधर्मी ग़ज़लगो की पंक्ति में लाकर खड़ा कर देता है। एक बात और है कि अभी तक सफ़ीर रे ग़ज़ल यात्रा छिट-पुट धाराओं में प्रवाहित हो रही थी किंतु अब 'मदारी' के माध्यम से एक संयुक्त धारा का वेग प्रवाहित होने लगा है। इस निमित्त श्री गौरव आनंद 'सफ़ीर रे' बधाई के हकदार हैं। मुझे इस बात की भी अधिक अति प्रसन्नता है कि सफ़ीर अपने छुटपन में बाबूलाल उच्चतर माध्यमिक विद्यालय, दूरभाष नगर में जूनियर कक्षा में मेरे छात्र रहे।

मेरी हिंदी की कक्षा लगती थी तब वह हमें कुछ ना कुछ कविता और ग़ज़ल जैसी चीजों की तुकबंदी कर कर मुझे दिखते थे, यद्यपि मैं हिंदी का आचार्य था किंतु इनकी रचनाओं में अपनी मति के अनुसार अपनी राय देता था और मनोयोग से इनकी बात सुनता था अपनी जानकारी के अनुसार रदीफ़-काफिया, वज़्न, ऊला-सानी, तख़ल्लुस आदि पर इनसे चर्चा भी करता था।

यद्यपि इनकी अवस्था ऐसे परिभाषिक शब्दावली को समझने की नहीं थी फिर भी सफ़ीर मेरी बात ध्यान से सुनते थे। मेरा प्रयास और उनकी मेहनत रंग लाई और परिणाम स्वरुप 'मदारी' आपके समक्ष है। अपने विद्यार्थी की बढ़त देखकर मुझे कहना पड़ रहा है - "सर्वत्र विजेयताम इच्छति, पुत्राश्च- शिष्यात पराजितः", और मेरी इस पराजय में मेरी प्रसन्नता और उनके लिए आशीर्वाद छिपा है।......मुझे 'मदारी' की पांडुलिपि पढ़ने का सुअवसर मिला। संग्रह की ढेर ग़ज़लें छोटे बहर की हैं। यह सर्वविदित है कि छोटे बहर की गजलें लिखने में बड़े-बड़े ग़ज़लकारों के पसीने छूट जाते हैं किंतु सफ़ीर रे ने सफलतापूर्वक इस कार्य को कर दिखाया है। यदि कुछ इल्म-ए- अरुज़ की बात पर ध्यान न दिया जाए तो सफ़ीर रे की छोटी बहरों की ग़ज़लें काबिले तारीफ हैं। विशेष रूप से प्रेम मोहब्बत की गजलों में उनका कमल देखने लायक है

आँखों की तेरी बातें दिल में उतर गई

मेरी तो जैसे पूरी दुनिया सुधर गई

* * * * * * * * * *

जाना 'सफ़ीर' की तुम नज़्मों की धार हो

जब से मिली ही मुझको दुनिया सँवर गई

छोटी बहर की एक और ग़ज़ल के बारे में चर्चा करने का लोभ मैं संवरण नहीं कर पा रहा हूं कारण यह है कि यह अति छोटी बहर की ग़ज़ल है जिस पर किसी ग़ज़लगो ने अभी तक शायद ही काम किया हो । नए दौर का नया जमाना है उपन्यास के बाद कहानी ,कहानी के बाद लघु कथा औरलघु कथा के बाद सूक्ष्म कथा समय की मांग पूरा कर रही है, पिक्चर के बाद टेलीफिल्म और टेलीफिल्म के बाद सीरियल और सीरियल के बाद रील का ज़माना आ गया है । ठीक इसी प्रकार अति लघु ग़ज़लों का भी आज के समयचलन बढ़ रहा है । सफ़ीर ने समय की नज़ाकत को पहचान और इस पर काम किया -मुझे न साक़ी बना साथीतेरी ही मय कम होगीतू फुर्क़त में सुलगेगातेरी उम्र आधी होगी'मदारी' की कुछ गजलें दार्शनिक अंदाज की है । इतनी कम उम्र में दर्शन की बातें बघारना सबके बस का नहीं यथा –

"रिसते जख्मों से संगीत निचोड़ा है,

गम लिखते हैं अब हम यूं लयकारी में"

या

"इस कदर जेहनी बीमार हालत में था,

मेरे बिस्तर में अब बस दवायें रहीं"

सबसे महत्त्वपूर्ण है गजल का मिजाज़ पकड़ना । जिस ग़ज़लगो ने मिजाज़ पकड़ लिया, वह सफल रहा । सफ़ीर गजल का मिजाज पकड़ते हैं और उसे खूबसूरत अंजाम देते हैं इश्क-मोहब्बत को फिलासफाई मंजिल तक पहुंच कर गजलों को ऊंचाई देते हैं । यद्यपि इस बड़ी योजना में कभी - कभार पैमाना जरुर गड़बड़ होता है किंतु वे पते की बातें कह ही देते हैं ।शेर की कहन का उनका जवाब नहीं है । एक-एक मिसरे को सफ़ीर तबीयत से उछलते हैं

"मेरी तो क़ौम ज़ाया हो गई बन्दा-नवाज़ी में

मुझे काफ़िर बुलाते हैं जो ख़ुद हैं बुत-परस्ती में

लहू को चाहिए क्या इक दरक जिसमें से बह निकले

दराज़ें ढाँप देता हूँ मैं वो नज़्म-ओ-फ़राज़ी में

बड़ा ख़ुद को समझते थे जहाज़ी डूबे दरिया में

कहीं तो रह गई होगी कमी यूँ आब-बाज़ी में"

इनकी गजलों का भाषिक संस्कार सुंदर बन पड़ा है। कहीं-कहीं पर उर्दू के कठिन शब्दों के प्रयोग से सामान्य जन के अर्थ ग्रहण में कठिनाई को देखते हुए सफ़ीर ने शब्दों के हिंदी अर्थ अंत में दे दिए हैं। इसे गजलों की संप्रेषणनीयत बढ़ गई है और आम जन अर्थ आसानी से निकाल सकेंगे। कुल मिलाकर 'सफ़ीर रे' का 'मदारी' ग़ज़ल संग्रहणीय और पठनीय है। इनकी यह गजल साधना इन्हें प्रतिष्ठा प्रदान करें और प्रस्तुत संग्रह सर्वत्र समादूत हो, यही मेरी कामना है।

विषय सूची

विषय सूची

विषय सूची

विषय सूची

विषय सूची

गज़लें

आँखों की तेरी शोख़ी दिल में उतर गई
मेरी तो आज सारी दुनिया सुधर गई

ये मख़मली सी ज़ुल्फ़ें हैं अब्र की तरह
इन बादलों की बारिश जाने किधर गई

होंठों पे नाम मेरा आया है इस तरह
बज़्मों में जैसे कोई ख़ुशबू बिखर गई

दुनिया में यों तो लाखों होती हैं मंज़िलें
लेकिन तिरी गली में मेरी डगर गई

इक काम मेरे हक़ में करना ज़रा सा तू
इक दास्ताँ में लिखना तू मुझ पे मर गई

जाना 'सफ़ीर' की तू नज़्मों की धार है
जब से मिली है मुझको दुनिया सँवर गई

सियाह रात है हाथों में मय जवाब नहीं
ये ज़िन्दगी है मेरी बेसबब किताब नहीं

वफ़ा को देख के हर बार दिल मचलता है
ख़याल-ए-इश्क़ में अब तक कोई ख़िताब नहीं

तिरे बदन से महकती है ये अजब ख़ुशबू
तिरे भी दर्द में लेकिन कोई गुलाब नहीं

हर एक रात को रुस्वा हुआ है चाँद मेरा
किसी के ख़्वाब से तारीकियों में बाब नहीं

बयान-ए-दर्द कोई और भी करे कैसे
मेरी सदा में किसी और का हिसाब नहीं

बसा है इश्क़ जो दिल में वो फ़िक्र है शायद
मगर ज़बाँ पे वो अल्फ़ाज़-ए-बे-इताब नहीं

मुझे है पता तुमको मालूम सब है ये पागल जो मुझको जहाँ
कह रहा है
तुम्हारी लगी है मुझी पे लगन क्यूँ मेरा दिल भी कैसे सितम
सह रहा है

तुम्हें शौक़ है अपनी ज़ुल्फ़ें भिगाना यूँ बारिश की तुम जो दुआ
कर रहे हो
मिरे दिल का कितना ये कच्चा मकां है दुआ में तेरी कैसे ये
ढह रहा है

मुझे रौशनी की ज़रूरत नहीं है अँधेरों में मेरी है
रुदाद अच्छी
अगर इश्क़ को तुम ख़ुदावंद समझो ज़माने से वो भी यहीं
रह रहा है

दिल-ए-संग पे फिर लकीरें हैं खींची मिरे आँसुओं की हिमाकत
को देखो
सभी मिल के मुझको बुलाते हैं रेगी तो आँखों से मेरी ये क्या
बह रहा है

सफ़ीर-ए-ख़ुदा मुझको वो कह रहे हैं कि जिनकी मोहब्बत का
अंजाम मरना
चमकने लगेगा बदन उसका ऐसे उजालों में वो जैसे
बे-तह रहा है

मुझको साक़ी कह साथी
तेरी ही मय कम बाक़ी

तू फ़ुर्क़त में सुलगेगा
तेरी क़िस्मत है आधी

उसका रुत्बा आगे है
इक आदत दिल है आदी

अब फिर से तू गुम होगा
सब चालें देखी भाली

निय्यत क़िस्से गिन तारे
सब झूठी बातें बासी

झूठी बातें साहिल से
तुम भी कितने हो ऐबी

शायर की जुंबिश ने ही
सब चालें देखी भाली

रौशनी शाम की आज कम है
रूह पर छा गया एक ग़म है

ज़िंदगी थी कभी इक चमन सी
याद में आँख भी आज नम है

यार के ख़्वाब में गर्दिशें हैं
देखिए यार का क्या सितम है

ऐ 'सफ़ीर' अब तिरा इश्क़ में ही
टूटता आज हर इक भरम है

हाथों में जो थामा लम्हा खोने का डर फिर से है
आँखों ने जो ख़्वाब है देखा रोने का डर फिर से है

सालों पहले हमने लगाए पौधे उनकी चाहत के
आँखों की बारिश में उनके धोने का डर फिर से है

एक नशेमन कागा है और इक आवारा बुलबुल है
पर दोनों को इक दूजे के होने का डर फिर से है

जैसे तैसे घर तो बना है पर दीवारें कच्ची हैं
मेरे दिल की इस बारिश में सोने का डर फिर से है

फिर से किसी ने दिल में उसके दस्तक आख़िर क्यों दी है
कुछ फूलों की ख़ाक-ए-बदन में बीने का डर फिर से है

मुझसे तुम ये क्यों कहते हो
मुझ बिन कैसे तुम रहते हो

ठहरी हैं क्यूँ ये नम आँखें
इन आँखों से क्या सहते हो

ख़ाइफ़ हो किन बातों से तुम
क्यूँ डर से पल-पल ढहते हो

चेहरा था इक ख़्वाबों में जो
उसको अपना क्यों गहते हो

लहरों ने घेरा है तुमको
क्यूँ फिर इनमें तुम बहते हो

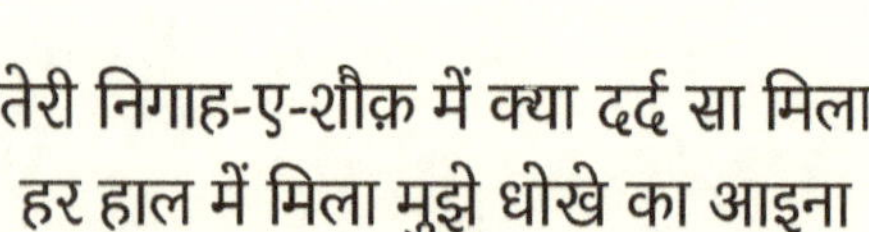

तेरी निगाह-ए-शौक़ में क्या दर्द सा मिला
हर हाल में मिला मुझे धोखे का आइना

आह-ओ-बुका भी हो गई बे-कार इश्क़ में
शायद रक़ीब से है नया कोई राब्ता

ख़ामोशियों में कर्ब-ए-जुदाई अयाँ हुआ
आँखों ने तय किया है ये अश्कों का फ़ासला

तेरी क़रीबियों में भी महसूस ये हुआ
क़ायम है तेरी याद से ही मेरा वास्ता

बे-पर्दगी से हुस्न की हंगामा हो गया
अब आशिक़ों के वास्ते पैदा है मसअला

तक़दीर में वफ़ा की लिखा दर्द ही तो है
आया है राह-ए-इश्क़ में ऐसा भी मरहला

रोने से क्या हुसूल है दुनिया-ए-इश्क़ में
हम ने 'सफ़ीर' इश्क़ में देखा है फ़ाएदा

वो शौक़-ए-आशिक़ी की मोहब्बत को क्या हुआ
उस दिल की महफ़िलों की हरारत को क्या हुआ

वो ख़्वाब जो सजे थे सभी टूट कर गिरे
इस दर्द-ए-बे-कसी की अज़ीयत को क्या हुआ

था शौक़-ए-आरज़ू जो ज़माने में खो गया
ऐ दोस्त बे-रुख़ी की मुरव्वत को क्या हुआ

तन्हाई दे रही है सदाएँ जो रात-भर
ऐ जान-ए-जाँ बता दे इनायत को क्या हुआ

रंगीन वादियों में वो मिलते थे बार-हा
अब उनकी गुफ़्तगू की लताफ़त को क्या हुआ

देखा है बे-रुख़ी का नज़ारा भी आज-कल
उस शोख़ नौ-जवाँ की क़यामत को क्या हुआ

न कोई हुस्न-ए-ज़ाहिर है न पिन्हाँ में कमी पाई
न हम ने भी कभी अश्क-ए-फ़रोज़ाँ में कमी पाई

फ़लक के फ़ैसलों में इख़्तियार-ए-इश्क़ क्या हासिल
कहाँ हम ने कभी अज़्म-ए-परेशाँ में कमी पाई

मोहब्बत में हमेशा ही बड़ी तकलीफ़ होती है
न जाने क्यूँ तिरे अहद-ए-गुरेज़ाँ में कमी पाई

नज़र में क्या तसव्वुर था जिसे हमने किया हासिल
हमारे इश्क़ के सूने बयाबाँ में कमी पाई

मुझे क़ुर्बत अता कर के बढ़ी बेताबियाँ मेरी
न जाने क्यूँ मुहब्बत के चराग़ाँ में कमी पाई

सफ़ीर अब लोग जलते हैं कई अरमान सीने में
मगर हम ने ख़ुशी के नी-बहाराँ में कमी पाई

ख़ुद अपना घर आज जलाया मैंने
इक पागल की इश्क़ सिखाया मैंने

तन्हा-तन्हा रोती होगी छुप कर
आज अज़ल की ज़ख़्म दिखाया मैंने

उसके सारे ख़त महफ़िल में ला कर
ख़ुद से इक इल्ज़ाम हटाया मैंने

काली शब में एक ग़ज़ल गा कर के
शब भर दिल का ख़्वाब बुझाया मैंने

टूटे दिल की प्यास बड़ी भारी है
मैख़ाने में जाम बचाया मैंने

तीरगी में वो मुस्कुराती है
चाँदनी बन के थरथराती है

हिज्र में इक अजब सुकूँ सा था
याद तेरी सदा सताती है

अक्स तेरा उभर के आए तो
आँख आँसू में भीग जाती है

मौत रहती है साथ साए सी
ज़िंदगी रक़्स-सा दिखाती है

अब भुलाने के हैं जतन सारे
तू सबा बन के गुनगुनाती है

दबी आग दिल की जलाई हुई
है होंठों पे फिर मुस्कुराई हुई

सर-ए-राह तन्हा खड़ी रात है
अजब इक सदा है सुनाई हुई

निगाहों में लहरों का तूफ़ान है
ख़यालों में कश्ती बहाई हुई

ज़मीं पे सितारों का सजदा हुआ
फ़लक पे दुआ है उड़ाई हुई

नसीबों के हर इक तराज़ू में फिर
अमीरी ने क़ीमत गिराई हुई

मुसाफ़िर 'सफ़ीर' अब ये दिल हो गया
है उम्मीद ख़्वाबों पे छाई हुई

तिरे हसीन गुमानों की इक ख़ता हूँ मैं
किसी अजब से सराबों की इक दुआ हूँ मैं

कठिन डगर की थकानों से चूर हूँ इतना
अजब सफ़र के मुक़ामों पे अब फ़ना हूँ मैं

बहुत दिनों से ख़यालों में उड़ रहा था मैं
उसी जुनूँ की उड़ानों का इक पता हूँ मैं

किसी नज़र की पनाहों में रुक गया था मैं
उसी सनम की निगाहों से अब जुदा हूँ मैं

सियासतों के फ़रेबों में लुट गया हूँ मैं
हुकूमतों की दलीलों में मुब्तिला हूँ मैं

रात भर दिल कई जलते होंगे
चाँद के क़ुर्ब में ढलते होंगे

अश्क में राह जो खोई होगी
शौक़ तन्हा ही मचलते होंगे

ग़म भरी सर्द हवाओं में भी
दर्द सीने से निकलते होंगे

फूल शाख़ों पे खिले हैं सारे
रंग दुनिया के बदलते होंगे

ऐ 'सफ़ीर' आज नई महफ़िल में
ख़्वाब आँखों में पिघलते होंगे

मिरी हँसी के लिए ग़म ये कोई कम तो नहीं
तिरी वफ़ा के फ़साने ये इक भरम तो नहीं

क़रीब आ के वो गुज़रे हैं इस अदा से अभी
यक़ीं दिला के मुकरना नया सितम तो नहीं

भटक रहे हो अँधेरों में बे-ख़ुदी में बहुत
उठा लिया है जुनूँ में ग़लत क़दम तो नहीं

घनी सी ज़ुल्फ़ के साए में आ गए हैं सनम
बना लिया है असीर अब, अजब करम तो नहीं

चुराए रंग गुलों ने ये आप के रुख़ से
क़ुसूरवार हैं वो सब 'सफ़ीर' हम तो नहीं

मिरी ग़ज़ल ने जो ये ग़म नहीं चुने होते
तो दर्द अहल-ए-ज़माना ने कब सुने होते

घनी सी ज़ुल्फ़ के साए में हम अगर रहते
जुनूँ में इश्क़ के हम अपना सर धुने होते

ज़माने भर की सदाओं से है ये डर मुझ को
गुज़रते मुझ से तो ये दर्द सौ गुने होते

सराब-ए-दश्त में हम गर न मुब्तिला रहते
ख़ुदा क़सम ये हसीं ख़्वाब ना बुने होते

हुकूमतों की जफ़ाओं से हम अगर डरते
यक़ीं करो कि 'सफ़ीर' इस क़दर घुने होते

यही गुज़ारिश है आज तुम से कि यार दिल पर तरस भी खाओ
हया से नज़रें चुरा रहे हो मिरी तड़प को न देख पाओ

विसाल के दिन तो चार पल हैं ये रात भारी है मौत जैसी
अज़ाब-ए-हिज़्राँ बहुत है मुश्किल न कट सकेगा ये जान जाओ

मिरी निगाहों के आईने में तुम्हीं छुपे हो तुम्हीं बसे हो
नज़र उठा कर मुझे भी देखो क़रीब मेरे कभी तो आओ

बने हो रौशन चराग़ जैसे घिरे हुए हो अँधेरियों में
हुआ पतंगा तड़प रहा हूँ क़रीब आओ मुझे जलाओ

कसर है बाक़ी अभी भी दिल में जो तुम से मिलता तो मैं ये कहता
पड़ा हूँ मैं तो क़फ़स में कब से मुझे यहाँ से रिहा कराओ

शब-ए-ग़म के अंधेरों में चमकता इक सितारा है
मिरी आँखों के आईने में तेरा ही नज़ारा है

रहा तू दूर मुझ से पर मिरी साँसों में शामिल था
मिरी इस डूबती कश्ती का तन्हा इक सहारा है

जुदाई का अज़ाब अब तो सहा जाता नहीं मुझ से
तिरे बिन एक पल जीना कहाँ दिल को गवारा है

तुझे खोने का डर हर पल सताता था मिरी जाँ को
तिरे बिन ज़िंदगी में अब बहुत मुश्किल गुज़ारा है

महकते फूल गुलशन के, मुझे बे-ताब करते थे
ये शबनम का बिखरना भी, तिरा ही तो इशारा है

उक़्दा-ए-इश्क़* आह ये बातिल निकल गया
मैं सोचता था दोस्त वो क़ातिल निकल गया

दरिया की तेज़ धार में उलझी रही सदा
नज़रों के सामने से वो साहिल निकल गया

रक्खी थी जिसके सीने में मैंने वफ़ा की आस
मेरा रफ़ीक़ दर्द में ग़ाफ़िल निकल गया

समझा था मैंने जिस की ज़माने का रहनुमा
दावा था जिस की अक़्ल पे जाहिल निकल गया

आँखों से बह रहा था मुसलसल लहू मिरा
तेरी गली से यार मैं बिस्मिल निकल गया

*उक़्दा-ए-इश्क़ - प्रेम का गोरखधंधा

मेरे ख़्वाबों की ये लाशें हैं वीराने में
मेरी नज़्मों की रुस्वाई है अफ़साने में

जादू जैसा कोई मंज़र मैंने देखा था
सारी हस्ती मैंने खो दी उस मयख़ाने में

सारी दुनिया दुश्मन बन कर पीछे आई थी
मैंने अपना साथी पाया इक अन्जाने में

बाहर आकर दुनिया वाले जानें लेते हैं
मैंने उसको छुपकर रक्खा है काशाने में

ग़म की हर रात कहानी सी लगे
हर नई बात पुरानी सी लगे

हाल मेरा कि परेशाँ है बहुत
दर्द-ए-दिल है कि निशानी सी लगे

ज़ुल्फ़-ए-मुश्कीं कि ज़रा सी खोलिए
मुस्कुराना कि जवानी सी लगे

उस की साँसों से महकती है हवा
ये हवा कितनी सुहानी सी लगे

दिल का कहना है उसे सुनते रहें
बात में कितनी ख़्वानी सी लगे

लहू अपने दिल का बहाते रहे
ग़मों की हँसी में छुपाते रहे

मुकम्मल रहे दरमियाँ फ़ासले
तसव्वुर में उनको बुलाते रहे

कहाँ जाम की कोई हाजत रही
निगाहों से मय वो पिलाते रहे

न जाने वो कैसी थी बर्क़-ए-जफ़ा
हमारे चमन पे गिराते रहे

ज़माने ने हमकी डराया बहुत
मगर हम वफ़ाएँ निभाते रहे

वो दुनिया की नज़रों में महबूब था
ग़मों को गले हम लगाते रहे

मिरी सारी उमर गुज़री, यही बन्दा-नवाज़ी में
मुझे काफ़िर बताते हैं, वो जो गुम हैं मज़ाज़ी में

तड़पता है लहू नस-नस में बाहर आने की ख़ातिर
छुपा लेता हूँ अपने ज़ख़्म मैं शेरी-तराज़ी में

झुलसती धूप में वो अब्र बन कर आ गया जानाँ
उसे रक्खूँ छुपा कर मैं मुहब्बत की नियाज़ी में

बड़ा ख़ुद को समझते थे जहाज़ी जो वो डूबे हैं
कमी कोई रही होगी ज़बाँ की इस दराज़ी में

हज़ारों आशिक़ों में क्यूँ मुझे धोखा दिया उसने
वो हँस कर यूँ लगा कहने, मज़ा है इस रियाज़ी में

अकेला रह गया हूँ आज डेरे में
चराग़े-जाँ बुझा है इस अँधेरे में

बिना कहे वो चल दिया न जाने क्यों
अजीब ख़ौफ़ आ गया बसेरे में

उलझ के रह गया हूँ तेरी यादों से
मुझे वो डाल ही गया है घेरे में

मैं तिल-ब-तिल ही रोज़ मर रहा हूँ अब
अजीब फँस गया हूँ कौन फेरे में

'सफ़ीर' चैन मिल रहा है रातों की
मुझे तो ख़ौफ़ आ रहा सवेरे में

गुल है कि कोई ख़ार तिरा क्या ख़याल है
ऐ मौसम-ए-बहार तिरा क्या ख़याल है

सोचा है आज बज़्म-ए-ख़यालात हो जवाँ
ऐ शाम-ए-इंतिज़ार तिरा क्या ख़याल है

इस इश्क़ के भी दर्द में आराम है छुपा
कर लूँ मैं ए'तिबार तिरा क्या ख़याल है

दुनिया तो कह रही है गुनहगार ही मुझे
ऐ मेरे गिर्दगार तिरा क्या ख़याल है

दामन जो उस ने आज बढ़ाया है नाज़ से
ऐ चश्म-ए-अश्क-बार तिरा क्या ख़याल है

सजदे भी बेक़रार जबीन-ए-नियाज़ में
ऐ नक़्श-ए-पा-ए-यार तिरा क्या ख़याल है

ये हाल-ए-दिल 'सफ़ीर' सुनाए जो बज़्म में
हूँ मैं भी होशियार तिरा क्या ख़याल है

इक महफ़िल गीतों की थी पर चुप की चादर छाई है
तू आती तो क्या अच्छा था तू जाने क्यों आई है

किस किस से हैं रिश्ते तेरे कैसी तेरी सोहबत थी
दुनिया वाले कहते हैं अब तू कितनी हरजाई है

टूट न जाए आस कहीं ये कस कर बाँधी रस्सी थी
नाम तिरा लिख कर फंदे पर उस ने फाँसी खाई है

पीने की अब ख़ून बचा था आँखें जलती रहती थीं
टुकड़े दिल के हर्फ़ों में रख उस ने ये धुन गाई है

जान 'सफ़ीर' डगर जलती थी राहों में अंगारे थे
फिर भी नंगे पग दौड़ा वो कैसा ये सौदाई है

हर तरफ़ ही दिल-नशीं सी ये फ़िज़ाएँ ही रहीं
राह में भी अजनबी सी सब हवाएँ ही रहीं

ज़ेहन से मैं इस क़दर बीमार था तो क्या कहूँ
पास मेरे उम्र भर बस ये दवाएँ ही रहीं

मैं यहाँ पर बच गया हूँ ये बड़ा ही राज़ है
साथ मेरे उम्र भर माँ की दुआएँ ही रहीं

गुल हुए हैरान मंज़र देख कर ये बाग़ का
सब बहारें उड़ गईं बस ये ख़िज़ाएँ ही रहीं

शहर मेरा इस क़दर बीमार है तो क्यूँ भला
सब अदब भी ख़त्म है बस ये अनाएँ ही रहीं

तन्हाई कुहन-ए-ग़म* से मुख़्तसर* रही

इक बस याद तिरी पूरी रात भर रही

शौक़-ए-रंग* अश्क़ों ने सब धुल डाले हैं

अहल-ए-जुनूँ* की ये हालत जानवर रही

ऐसे तजरुदे* थे मैं ख़ूँ को लिखता था

और वो मेरी हालत से बेख़बर रही

मुझको सिखलाओ मत ज़िम्मेदारी क्या

क़तरा-हा-ए-अश्क़ों* से आँख तर रही

*कुहन-ए-ग़म : पुराना दुःख , *मुख़्तसर : थोड़ी कम, अल्प, संक्षिप्त,

*शौक़-ए-रंग- जिंदगी जीने का लुफ्त,

*अहल-ए-जुनूँ : आशिक ,भावुक लोग, *तजरुद : अकेलापन, तनहाई

*क़तरा-हा-ए-अश्क़ : आंसू की बूँदें

अजब सा है तुझसे मिरा इश्क़ करना
कि जलती सी लौ पे पतंगों का मरना

वो बालों को गूँथे हुए बज़्म आना
पिनों का सरकना वो ज़ुल्फ़ें बिखरना

तिरे जिस्म से वो पसीने की बूँदें
वो कानों से गिरना कमर पे उतरना

मुझे याद है वो तिरी बेवफ़ाई
वो मिलने का वादा यूँ करके मुकरना

इक दिन गुज़रा फिर से कार-गुज़ारी में
कुछ पौधे रोपे हैं दिल की क्यारी में

भीड़ भरे बाग़ों में डर तो लगता है
हमने ख़ुद को ख़ुद पाया अय्यारी में

बाम-ओ-दर पर एक निशानी लटकी है
उस पर तेरा नाम लिखा फ़नकारी में

आँखों से तेज़ाब टपकता रहता है
अश्कों से ही ख़ुद की फूँका यारी में

रिसते ज़ख़्मों से संगीत निचोड़ा है
ग़म लिखते हैं हम अब यूँ लयकारी में

इक ख़त लिखा मैंने तुम्हें बेहतर ज़रा
उम्मीद का ख़ाका सितारों से भरा

ये जुगनुओं की है अजब चारा-गरी
है तीरगी में रौशनी का मशवरा

था नाज़ हम की इस वफ़ा की नींव पर
फिर वो गए सब रह गया यूँ ही धरा

क्या मसअला है उम्र का जो डर लगे
ये इश्क़ रहता है हमेशा ही हरा

है तल्ख़ लहजा पर निगाहों में नशा
उन का हर इक अंदाज़ है कितना ख़रा

हादसों से भला आज डर जाएँ क्या
रेत पर घर बना कर मुकर जाएँ क्या

ज़ुल्म की इंतिहा इस क़दर देख कर
चाहते हो कि हम आज मर जाएँ क्या

इश्क़ का मर्तबा गर यही है तो फिर
ज़िंदगी हम फ़िदा आज कर जाएँ क्या

दीद में अश्क़ का एक सैलाब है
कश्तियाँ ले के हम भी उतर जाएँ क्या

जो हमें सर झुकाना सिखाने लगे
रहज़नों के सभी पर कतर जाएँ क्या

क़ौल दे कर मुकरना है जिन की रज़ा
काफ़िरों की गली से गुज़र जाएँ क्या

ऐ 'सफ़ीर' एक काफ़िर की ख़ातिर यहाँ
टूट कर आज हम भी बिखर जाएँ क्या

आपके और मेरे फ़साने से है
मुझसे रूठे है या फिर ज़माने से है

एक बच्चे सी ज़िद है वफ़ा की मेरी
आप कहते हैं मुझको सयाने से है

यूँ तो रो भी चुका हूँ मैं उनके लिए
मुझको मतलब उन्हें बस जताने से है

डर है उनकी मेरे पास आने से क्यूँ
मेरा डर उनके अब दूर जाने से है

उम्र भर के लिए साथ की जो कहा
बोले हँस कर के वो किस ज़माने से है

फ़िक्र है अब कहाँ रास्ता हो कहीं
अब तो मतलब मुझे घर को जाने से है

कहते हो हम इश्क़ में जाएँ पागल हो क्या
बेजा आँसू हम छल्काएँ, पागल ही क्यें

दिल की सूनी बस्ती अब बिल्कुल वीराँ है
इस वीराने को महकाएँ, पागल हो क्या

हम तो ख़ुश हैं अपनी सादा हस्ती में ही
रोग नया हम कोई लाएँ, पागल हो क्या

प्यार मोहब्बत की सब बातें झूठी हैं अब
अपने दिल को हम तड़पाएँ, पागल हो क्या

नीला अम्बर, सब्ज़ नज़ारे, मीठा पानी
इस पानी में आग लगाएँ, पागल हो क्या

आँखों से ही पढ़ लो मेरे प्यार की बातें
महफ़िल में हम शोर मचाएँ, पागल हो क्या

रो रो कर बीनाई अपनी खो दी जानम
हम अब सुरमा बन कर आएँ, पागल हो क्या

आग लगी है अब तो तेरे ख़्वाबों में ही
हम शाख़ों से क्यूँ उड़ जाएँ, पागल हो क्या

सर्द बहुत है लहजा तेरा ओ जान-ए-मन
हम शोले अब क्यूँ भड़काएँ, पागल हो क्या

तू क्यों इतना थकी हुई सी लगती है अब
चल कुल्हड़ भर चाय पिलाएँ पागल हो क्या

ख़त्म हुआ है क़िस्सा सफ़ीर चला जाये अब
सुनकर सब है फिर चिल्लाएँ पागल हो क्या

कभी आवाज़ दोगे हम न होंगे
तुम्हारी ज़िंदगी में ग़म न होंगे

हमारी याद में रोना ही लाज़िम
अज़ाब-ए-दिल कभी भी कम न होंगे

बनाए हैं हमारे बुत जिन्होंने
उन्हें मालूम है पैहम न होंगे

अगर तूफ़ान से वाक़िफ़ हुए तुम
मिरे अपने कभी बरहम न होंगे

'सफ़ीर' अश्क-ए-नदामत क्या बहाएँ
दिलों के ये कभी मरहम न होंगे

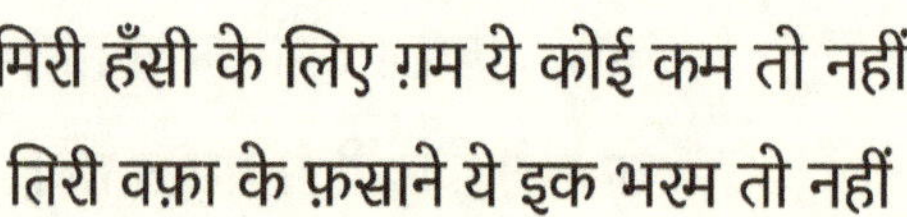

मिरी हँसी के लिए ग़म ये कोई कम तो नहीं
तिरी वफ़ा के फ़साने ये इक भरम तो नहीं

क़रीब आ के वो गुज़रे हैं इस अदा से अभी
यक़ीं दिला के मुकरना नया सितम तो नहीं

भटक रहे हो अँधेरों में बे-ख़ुदी में बहुत
उठा लिया है जुनूँ में ग़लत क़दम तो नहीं

घनी सी ज़ुल्फ़ के साए में आ गए हैं सनम
बना लिया है असीर अब, अजब करम तो नहीं

चुराए रंग गुलों ने ये आप के रुख़ से
क़ुसूरवार हैं वो सब 'सफ़ीर' हम तो नहीं

मुझ को तुम से उल्फ़त है अनजाने में
इस ख़ातिर ही देरी की बतलाने में

शब के ये जी सारे तारे रौशन हैं
इन की कोशिश है हम की मिलवाने में

कूचे के बच्चे का क़िस्सा क्या जानें
सारी मेहनत है ख़त की भिजवाने में

अपने होंटों को जी भींचे बैठे हैं
हारे हम इन होंटों को खुलवाने में

सावन बारिश मिट्टी ख़ुशबू तुम से हैं
अपना तो घाटा ही है अफ़साने में

उल्फ़त की आतिश में हम जलते लेकिन
हम की गिनते हैं वो अब परखाने में

कैसा ये आज दिल पे अजब सा ख़ुमार है
आँखों पे आज जैसे अजब सा ग़ुबार है

सारी हयात जिस का मुझे इंतिज़ार है
वो हुस्न की परी मिरी जान-ए-निगार है

काग़ज़ पे अश्क मेरे गिरे आज यूँ भला
किस से कहूँ मैं दिल का जो हाल-ए-फ़िगार है

काले से ग़म के घेरे हैं सूखे हुए से लब
सब कुछ लुटा दिया है मुहब्बत क़ुमार है

पाता उसे 'सफ़ीर' तो मेरी वो जान थी
अब वो किसी रक़ीब की बाहों का हार है

बड़ी शराफ़त जता रहे हो हज़ीं दिलों की क़रार दे कर
मुझे नशे की अजीब दुनिया दिखा रहे हो ख़ुमार दे कर

नचा रहे हो अजीब धुन पर मुक़द्दरों के नए तमाशे
मुझे झुकाया है अहल-ए-दुनिया, मिरी अना को ग़ुबार दे कर

सभी फ़साने मिटा दिए हैं सुकूत लब पर सजा दिए हैं
तुम्हीं ने ज़ालिम किया है मक़्तल, मुहब्बतों का मज़ार दे कर

कभी तो इंसां समझ लिया कर ज़लील करता है बारहा तू
फ़रेब तुमने दिया है कैसा, दिलों की चाहत उधार दे कर

सज़ा मिलेगी तुम्हें लहद में मिरे ख़ुदा के अज़ाब से अब
'सफ़ीर' दुनिया से जा रहा है, लबों पे आख़िर पुकार दे कर

आसमाँ में उड़ें वो इधर से उधर
क्या किसी को यहाँ है सफ़र की ख़बर

रात भर चाँद भागे यहाँ से वहाँ
दौड़ कर आज तारे हुए तर-बतर

बात ऐसी कही यार ने आज तो
कर गई वो मिरी ज़िंदगी पर असर

मुस्कुराना तिरा क़त्ल करने लगा
गिर रहा है दिलीं पर इसी का तबर

ऐ 'सफ़ीर' आज रब से यही है दुआ
तुम फँसी जाल में, वो रहे जो ज़बर

हसीं सदा से पुकारे जी एक बार मुझे
क़ुबूल है कि मिले मौत का भी दार मुझे

बने तिरे ही लिए गो मकाँ यहाँ लाखों
पसंद है कि मिले गो बुझी बहार मुझे

बने हैं लफ़्ज़ सभी ये नई ग़ज़ल में बयाँ
ख़ुदा करे जो मिले ये हसीन प्यार मुझे

मिरे हिसार-ए-क़ज़ा में जो आँख ढूँढती है
मिले जो आज घटा सी हसीं बयार मुझे

तिरी हँसी से सजे हैं मिरे ये साज़ सभी
बने जी राग, थमा दो नया सितार मुझे

गला तो बैठ गया है तुम्हें सदा दे कर
तो एक बार सही तू ज़रा पुकार मुझे

सफ़ीर इश्क़ में तेरे जो हो गया ख़स्ता
तो बात मान मिरी तू ज़रा सुधार मुझे

जो दिल की लगी का ख़ज़ाना मिला
ये टूटा सितारा बहाना मिला

चले थे मुसाफ़िर की सूरत मगर
सफ़र में नया इक ठिकाना मिला

मिरे ज़ख़्म आपस में मिलने लगे
कि जैसे नया इक ज़माना मिला

मिरी तो मोहब्बत अधूरी रही
सभी शायरों की फ़साना मिला

न ख़ुद की ख़बर है नहीं होश में
ज़माने की ये इक दिवाना मिला

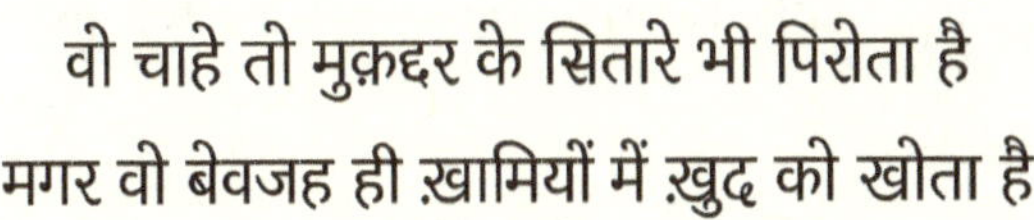

वो चाहे तो मुक़द्दर के सितारे भी पिरोता है
मगर वो बेवजह ही ख़ामियों में ख़ुद की खोता है

कटे गर रात आँखों में भले वो जाग ही ले अब
मगर दिल के किसी गोशे में कोई आ के सोता है

गँवा दी चश्म की बीनाई उस ने राह तकने में
गले लग कर वो वीरानी के अब छुप के ही रोता है

न जाने किस क़दर पागल है उसकी क्या दवा कीजे
कि उसके ज़ख़्म की मरहम भी अश्कों से ही धोता है

छुपा कर दर्द के सारे ही क़िस्से बंद गोशे में
ब-ज़ाहिर तो वो लोगों में बहुत ही शाद होता है

कफ़न में दफ़्न कर के भी उसे कैसे भुलाएँ हम
'सफ़ीर' अब भी दिलों की धड़कनों के साथ होता है

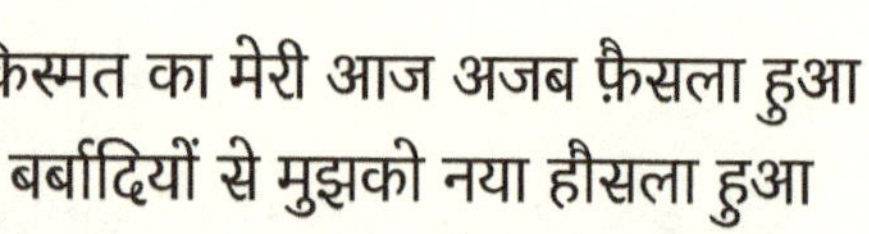

क़िस्मत का मेरी आज अजब फ़ैसला हुआ
बर्बादियों से मुझको नया हौसला हुआ

कुछ भी न कह सका मैं उसे रोकते हुए
किस की ख़ता थी और नया मसअला हुआ

घर को जला रहे हैं सभी आज शौक़ से
दीवानगी का आज अजब मश़ग़ला हुआ

मुझ को डुबो रही है मिरी अक़्ल क्या करूँ
तारीकियों से आज नया फ़ासला हुआ

पी कर शराब ग़म की भुलाना है आज तो
तय इश्क़ का न एक नया मरहला हुआ

टूटा ग़ुरुर तो ये हक़ीक़त खुली मुझे
पानी का बस वो एक नया आबला हुआ

महफ़िल में यार की जो निगाहें उठीं 'सफ़ीर'
सारे बदन में आज अजब ज़लज़ला हुआ

नहीं है फूल तो ख़ारों को छेड़ सकता हूँ
वो रब्त है जो बहारों की छेड़ सकता हूँ

हज़ारों चाँद सितारे हैं जिनके सीने में
मैं आशिक़ों के ग़ुबारों को छेड़ सकता हूँ

अगर लहू की अता ज़िंदगी में बाक़ी है
तो ज़िंदगी के सहारों की छेड़ सकता हूँ

तमन्ना रम्ज़ बताने की आज है जागी
तेरी नज़र के इशारों की छेड़ सकता हूँ

हुए हैं ग़म जो फ़िराक़-ए-हयात में पैदा
यूँ फ़र्दगी में भी यारों की छेड़ सकता हूँ

करें शिकायत असर दुआ के हमें अभी तक मिले नहीं हैं
गले लगाकर किए ख़सारे गुल-ए-तमन्ना खिले नहीं हैं

डरा न पाईं हमें हवाएँ दिए वफ़ा के बुझे कहाँ हैं
चली हवाएँ कई मगर ये क़दम हमारे हिले नहीं हैं

दग़ा वफ़ा में सितम रजा से सहे हमेशा मगर ज़बाँ पर
दुआ लबों पर रही हमेशा हमें किसी से गिले नहीं हैं

डटे रहे हम महाज़-ए-ग़म में निडर सिपाही बने हुए हम
बदन हमारा थका हुआ है शरफ़ हमारे छिले नहीं हैं

सितम तुम्हारे बता न दें हम ज़माने भर को दरे-सुखन पर
डरे न कोई किसी सितम से कि होंठ अपने सिले नहीं हैं

ज़िन्दगी तू मुझे जीने का सहारा दे दे
डूब जाऊँ न मुझे एक किनारा दे दे

कुछ नफ़ा दे नहीं सकती जो मुझे तू ऐ जाँ
तो मुझे ग़म का नया एक ख़सारा दे दे

जो गली मेरे मकाँ की तरफ़ अब जाती है
इस गली को ख़ुशियों का ये नज़ारा दे दे

काट दी मैंने अँधेरों में ही अपनी हस्ती
ज़ुल्मतों में तू नया एक शरारा दे दे

रायगाँ हो गया मेले में ज़माने के मैं
मेरे टूटे हुए ख़्वाबों की दुबारा दे दे

बना लिया है उसूल अपना जले जो दुनिया जला करे फिर
नहीं है परवा हमें किसी की यही ज़माना गिला करे फिर

मगन हो अपनी ही महफ़िलों में ख़ुशी से तुम तो जिया करोगे
मरीज़-ए-उल्फ़त ये दर-ब-दर ही नगर-नगर में फिरा करे फिर

नसीब मेरा उजड़ चुका है ख़ुशी के तारे बुझे हुए हैं
मुझे ये दुनिया हँसी उड़ा कर अगर चिढ़ाए चिढ़ा करे फिर

हमारी रातें तुम्हारी बातें इन आँसुओं से सजी हुई हैं
बनी ख़ुदा तुम सितम की ढा कर जो भी परस्तिश किया करे फिर

दिल के ज़ख़्मों का फ़साना और भी है
आँसुओं का गीत गाना और भी है

देखने को हुस्न तेरा ऐ सितमगर
रहगुज़र में घर बनाना और भी है

आज खिड़की के दरों से झाँकने का
जी मचलने का बहाना और भी है

मंज़िलें हैं दूर इस की फ़िक्र क्या है
राह में यूँ लड़खड़ाना और भी है

फूल गुलशन में सभी मौजूद हैं पर
महफ़िलों में पास आना और भी है

उड़ चुके हैं मुर्ग़ सारे आसमाँ में
बिन परों के उड़ के जाना और भी है

चाँद तारे जग रहे हैं इक वजह से
बे-वजह ही जाग जाना और भी है

आज तन्हा है 'सफ़ीर'-ए-बज़्म लेकिन
हाथ से साक़ी पिलाना और भी है

बता दो मुझे क्या ही करना पड़ेगा
जियूँगा यहाँ या कि मरना पड़ेगा

ये आँसू मिरे हैं बड़े क़ातिलाना
अना की तिरी आज डरना पड़ेगा

सुने हैं जो चर्चे तिरे रंग-ओ-बू के
मुझे शहर में अब ठहरना पड़ेगा

कोई दहर में भी नहीं है मुकम्मल
सभी की यहाँ पर बिखरना पड़ेगा

उड़ानें भरोगे किसी की गिरा कर
मुझे लग रहा पर कतरना पड़ेगा

मिरे दोश को ये तजुर्बा नहीं है
तुम्हें वज़्न कुछ कम ही करना पड़ेगा

इस दौर-ए-बे-हिसी में वफ़ा का हद्फ़ नहीं
इंसानियत के वास्ते कोई शग़फ़ नहीं

तक़दीर ने लिखे हैं मिरे दर्द इस क़दर
अल्फ़ाज़ ये मिरे हैं गुहर कोई ख़जफ़ नहीं

आँखों से मेरी नींद का पर्दा सरक गया
अब ज़िंदगी का कोई भी बाक़ी कशफ़ नहीं

गहरे समंदरों में उतरना क़बूल है
साहिल से मैं उठा लूँ ये ऐसा सद्फ़ नहीं

दुनिया 'सफ़ीर' से यूँ ख़फ़ा है तो क्या हुआ
उठती मेरी निगाह भी उसकी तरफ़ नहीं

कभी जो आ कर वो पास बैठे उन्हें बताऊँ जवानी क्या है
ये झील जैसे थमे हुए हैं उन्हें बताऊँ खवानी क्या है

उठा के झंडे जो घूमते हैं नगर-नगर में फ़साद करने
इन्हें ख़बर क्या कि कौन मीरा जुनूँ की उसके निशानी क्या है

लगी हुई है यहाँ पे होड़ें सभी हवस के ग़ुलाम बैठे
जिन्हींने माँ-बाप को रुलाया बताओ उनकी कहानी क्या है

तुम्हें मयस्सर हैं ऐश सारे अभी पता क्या कि मुफ़्लिसी है
ग़रीब जो भी सड़क किनारे उन्हीं से पूछी गिरानी क्या है

छुपा है मुझमें जो अक्स मेरा लगा है रोने वो रफ़्ता-रफ़्ता
ज़बाँ की मेरी ख़मोशियाँ ही बता रही हैं सुनानी क्या है

हो रहे हैं गिले एक तस्वीर से
क्या गिला आज है अपनी तक़दीर से

कल वही महफ़िलों में मिले थे मुझे
दिल मचलने लगा उस की तासीर से

तीर नज़रों के वो जब चलाने लगे
क्या करेंगी भला एक शमशीर से

गुलसिताँ का नज़ारा बदलने लगा
ख़ार भी गुल बने उस की तौक़ीर से

हुस्न को देख कर पारसा भी यहाँ
बँध गए इश्क़ की एक ज़ंजीर से

फिर बिना कुछ सुने वो चले ही गए
जब गए वो मिरे हौसले ही गए

दूर से ही उन्हें देखते हम रहे
ग़म मिरे आँसुओं के तले ही गए

चाँद भी रात भर अश्क रोता रहा
इश्क़ के तौक़ आ कर गले ही गए

गीत मेरे उन्हें ख़ूब भाते रहे
हर्फ़ मेरे उन्हें क्यों खले ही गए

हाँ हुआ आख़िरश डर मुझे था वही
'गौरव' अब राह-ए-मक़्तल चले ही गए

दर्द की डायरियाँ रोज़ पलटता ग़म है
ज़ख़्म ऐसा है कि बे-कार हर इक मरहम है

ख़्वाब में रोज़ वो आता है परी-वश बन कर
देखता हूँ कि हक़ीक़त अजब इक आलम है

मैंने तक़दीर लिखी अपने ही इन हाथों से
हौसलों में मिरे मौजूद बड़ा दम-ख़म है

आँधियाँ राह की रस्ता मिरा क्या रोकेंगी
अब मुझे डर है भला क्या जो मिरा हमदम है

देख कर हाल मिरा अश्क न रोओ यारो
सच है 'गौरव' कि यहाँ ज़िंदगी इक मातम है

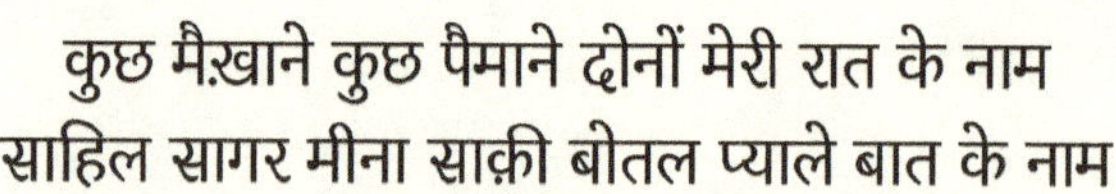

कुछ मैख़ाने कुछ पैमाने दोनों मेरी रात के नाम
साहिल सागर मीना साक़ी बोतल प्याले बात के नाम

चेहरा आँखें दिल की धड़कन मेरे सब बर्बाद हुए
इक आधी चालें बच पाए बाक़ी शह और मात के नाम

ज़र्रा ज़र्रा ख़ुद मिटता पर जीता तेरी यादों में
बाक़ी मेरी ये दो आँखें वो भी तेरी घात के नाम

भोली सूरत गहरी आँखे बादल सी ज़ुल्फ़ें सारी
कुछ इक घाटा मेरा भी है और बाक़ी बरसात के नाम

ग़म मायूसी अब्तर तोहमत जाने क्या क्या दर्द मिला
कुछ रुस्वाई हफ़ों से कुछ तेरे एहसानात के नाम

लब हैं गूँगे डूबे चश्मे ऐसे हैं अंदाज़ मेरे
कुछ इक आँसू तूने बख़्शे और बाक़ी सद्मात के नाम

रुकते दिल से धड़कन पूछे तुमने क्या पाया है सफीर
हर्फ़ निवाले दुनिया के हैं बाक़ी मेरी ज़ात के नाम

सवाल चाँद ने किया सितारे बोलते रहे
तिरी हयात के सभी ये राज़ खोलते रहे

बिगड़ पड़ी जी चाँदनी तो डर गए चकोर सब
वो बे-क़रार रात भर यूँ पास डोलते रहे

वो पायलों के शोर पर सरक पड़े कदम से जो
वो बद-हवास जुगनू रौशनी सी घोलते रहे

तिरी कमर पे सज रहा जो सोने का इज़ार-बंद
लटकते मोती हुस्न की अदा से तोलते रहे

गए जो तुम तो सब के होश खो गए हैं उम्र भर
अचेत लोग सीने में ही दिल टटोलते रहे

नज़्म

"यहीं से प्यार होता है"

मेरी आवाज़ पर तुम जो यूँ खिड़की में आती
हो यहीं से प्यार होता है यहीं से प्यार होता है

यूँ तो महफ़िल में समाँ गुलों से महकता है
तुम्हारे आने से दिल मेरा खुल के चहकता है
मुझे रस्ते पर जब देखो तो यूँ घबराती हो
यहीं से प्यार होता है यहीं से प्यार होता है

शिफ़ा हो लाख तो क्या रोग ये फिर से पकड़ता है
करो कोशिश तुम ये कितना फिर भी जकड़ता है
ज़िक्र मेरा कभी हो तुम यूँ हड़बड़ाती हो
यहीं से प्यार होता है यहीं से प्यार होता है

मुहब्बत नाम है इसका ये तो दिल में रहती है
अब्र बन के मगर फिर भी ये आँखों से बहती है
भुला के शर्म तुम बाँहों में जब समाती हो
यहीं से प्यार होता है यहीं से प्यार होता है

मिलने की तुम्हें मैं छत पर रोज़ टहलता हूँ
दीवारों के ताकों से तुमको देख मचलता हूँ
मिलती है नज़र मुझसे तो तुम शरमाती हो
यहीं से प्यार होता है यहीं से प्यार होता है

"तुम मेरी सुनती नहीं हो"

ये बादल गगन में घटा संग खवाँ है
ये मौसम भी कितना हंसी है जवाँ है
क्यों ख़्वाब नए तुम ये बुनती नहीं हो
बात ये है कि तुम मेरी सुनती नहीं हो

तेरी उँगलियों में उँगलियाँ फँसा लूँ
लबों से लबों की ये ख़ुशबू चुरा लूँ
नए फूल क्यों तुम चुनती नहीं हो
बात ये है कि तुम मेरी सुनती नहीं हो

हो गर इजाज़त तो चंद बातें कह दूँ
क्या रानों पे तेरे सर अपना मैं रख लूँ
घटी हो जमा से क्यों जुड़ती नहीं हो
बात ये है कि तुम मेरी सुनती नहीं हो

"कुछ थे जो अड़े रहे"

कुछ घर में दाख़िल हो गए
कुछ दर पे यूँ ही खड़े रहे
जिन्हें होश था सँभल गए
जो बेहोश तारी वो पड़े रहे

कुछ के क़फ़स में चैन था
जो आज़ाद थे वो मर गए
हर्फ़ ख़ारिज दस्तरस
जो ग़ज़ल हुए बिखर गए

जो हुस्ना हरीस फ़ितरतन
वो इश्क़ पा के निकल गए
कातिब-ए-हुस्न थे सब
किनारीं पे ही फिसल गए

उम्मीदवार के पैद की
आबले पड़े रहे
दामन-ए-सफी के सब
आपसी में लड़े रहे
कुछ थे जो अड़े रहे

"न जाने ये जी मेरा कहाँ जा फँसा है"

ये लफ़्ज़ों के ढाँचे ये ग़ज़लों के काँसे
धुँदली सी नज़र है और दुनिया के झाँसे
मुझे अपने दड़बे से कोई न गिला है
न जाने ये जी मेरा कहाँ जा फँसा है

उलझी तनाबें हैं दिल में बवण्डर
मैं उजड़ा मकाँ हूँ लगे कोई खंडहर
मिरे दर पे दस्तक ये ग़म दे रहा है
न जाने ये जी मेरा कहाँ जा फँसा है

हुजरे में तस्बीहें तेरे नाम की हैं आवाज़ें
मगर अब ये किस काम की हैं ये
लिखने-लिखाने पे क्यूँ अड़ गया है
न जाने ये जी मेरा कहाँ जा फँसा है

अकेले में ख़ुद से जी बलवा किया है
ज़माना ये कहता सिज़ोफ़्रेनिया है
ये रंगत उड़ी है ये चेहरा धँसा है
न जाने ये जी मेरा कहाँ जा फँसा है

"सँभालो ये यादें"

कभी तुमको रातों में तन्हा मैं सोचूँ
कभी मैं ये लिख दूँ सितारों में तुम हो
कभी चाँदनी बन के बिखरी जो यादें
तो कह दूँ मैं तुमसे सँभालो ये यादें

अगर कोई पूछे महक जानते हो
तो पल में तुम्हारे बदन को मैं लिख दूँ
हक़ीक़त यूँ बन के तुम इक बार आओ
तो कह दूँ मैं तुमसे सँभालो ये यादें

ज़माने से कितना अलग हो गया हूँ
मैं रोता नहीं हूँ मैं हँसता नहीं हूँ
अगर ना-गहाँ मेरे सपनों में आओ
तो कह दूँ मैं तुमसे सँभालो ये यादें

मिरे ज़ख़्म दिल के बिलखते ही रहते
मिरी साँस की चाल धीमी पड़ी है
ती जब आओगे देखने ये तमाशा
तो कह दूँ मैं तुमसे सँभालो ये यादें

तुम्हें है क़सम ये भरम तुम रखोगे
न मैं जानता हूँ न तुम मुझको जानो
यूँ अनजान बन के मेरे दर पे आना
तो कह दूँ मैं तुमसे सँभालो ये यादें

नहीं थे मरासिम ये हामी भरी तुम
नहीं चाहते थे यूँ मुझको कभी तुम
हथेली पे रख के ये चेहरा तुम्हारा
तो कह दूँ मैं तुमसे सँभालो ये यादें

"पत्र" भाग -1"

मुझे मन के कमरे की सफाई में कुछ मिला है
एक ट्रंक है लोहे का
पीले रंग से रंगा हुआ है जिस पर
जूही के सफेद फूल बने हैं
पतली लम्बी रेशमी मखमली लता के तरह
बढ़ने वाली बड़ी क्षुप की तरह
और उसमें रखा एक पत्र

जिसमें तुम्हारा नाम तुम्हारी लिखा है
और मेरा नाम नहीं सिर्फ़ प्रिय लिखा है
पत्र भी तुम्हारी तरह सुव्यवस्थित है

हर एक लाइन, हर एक अक्षर
बाएँ तरफ से थोड़ा हटकर
पत्र के मज़मून कुछ धुँधले पड़े हैं
शायद इसलिए कि
साल दर साल दिल रोता रहा
पर अब भी मैं इन्हें पढ़ सकता हूँ

कुछ यूँ कि
मेरे दिन किसी अंगार से हो गए हैं
रातें लम्बी और बर्फ सी जमी हैं
हसरतें उबासी लेने लगी हैं

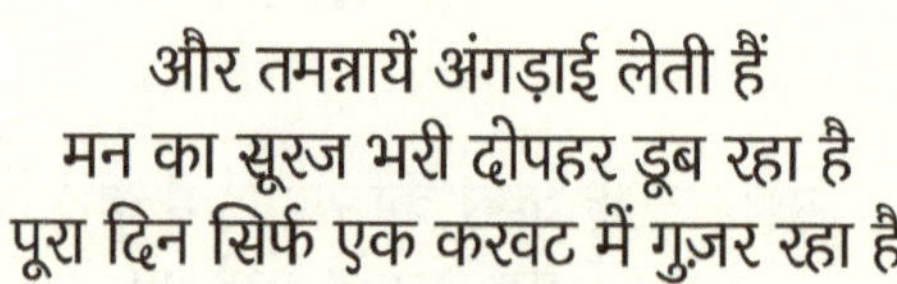

और तमन्नायें अंगड़ाई लेती हैं
मन का सूरज भरी दोपहर डूब रहा है
पूरा दिन सिर्फ एक करवट में गुज़र रहा है

मेरा बिस्तर, मेरी तकिया भीगी है
लगता है गर्म मौसम में गिरे पसीने से
यूँ आँख मलने को जब हाथ लगाया
तो पता चला नहीं ये तो अश्रु धारा है
जो शुष्क और सूखे गिलाफों को भिगो रही है

वो पहला गुलाब का फूल जो
तुम्हारे प्रेम निवेदन का प्रतीक है
उसे काँच के एक मर्तबान में डाल दिया है
इस उम्मीद में कि जब तुम वापस लौटोगे
तब तक ये उसी तरह ताज़ा और नम
रहेगा जैसे मेरा और तुम्हारा प्रेम

पतझड़ के इस मौसम में
प्रेम वृक्ष की सूखी शाख
मेरे चेहरे पर झूलती दिखती है
मेरी माँ कई बार मेरे सर से सात मिर्चें
बायीं ओर घुमा के जला चुकी है
कुछ और भी किया है उसने नज़र उतरने को

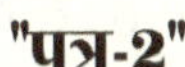

"पत्र-2"

पर वो नज़र जो मुझे लगी है
वो तुम्हारी है झील सी गहरी
जिसमें मैंने उतर कर देखा है
मेरा चेहरा दिखाई देता है जो अभी तक सिर्फ़ मेरा था
पर अब तुमने अपना कॉपीराइट ले लिया है
मुझे उसकी रॉयल्टी भी नहीं दी

न जाने कब ये यात्रा ख़त्म होगी
तुम्हारे ननिहाल से वापस आने की
मेरी विरह के अंगारों पर चलने की
इस चाँद की जो दिन के उजालों में भी छुप के सफ़र करता है
उन आँसुओं की जो यादों के घोड़ों पर निकल पड़े हैं

अब कौन कह सकता है ये पत्र तुमने
मुझे लिखा था जो किसी अमिट प्रेम का प्रवाह था
इसमें लिखे प्रेम में डूबे हर एक अक्षर
क्षुब्ध और शर्मशार है कि तुम्हारी क़लम से निकले

तुमने भले ये पत्र पुल के किनारे खड़े
होकर फाड़ कर नदी में प्रवाहित कर दिया हो
पर इसके हर एक शब्द मैंने

पुनः जोड़कर जो पत्र मेरे हृदय के
ट्रंक में सहेज लिया है
उसे तुम कभी नहीं मिटा सकते

ये पत्र मैं हर मौसम में निकलता हूँ
गर्मी में मौसम में इसे धूप दिखाता हूँ
सावन में अरमानों की मिट्टी में दबाता हूँ
जो शीत ऋतु आने तक अंकुरित हो जाए
बसंत में इसी पत्र पर जो फूल आते है
उन्हें तन्हाई की सुई से गूथ कर हार बनता हूँ

पंतझड़ में सूख जाने पर
पुनः नम बीजों की इकट्ठा कर लेता हूँ
फिर गर्मियों में सुखा कर
फिर से बरसात में इसका
एक और पेड़ लगाना है

मैं जाने कितने सालों से ये कर रहा हूँ
ये हुनर जो मैंने न सीखा होता
तो शायद मैं उस दिन ही मर गया होता
जब तुमने इस पत्र की सिर्फ़ काग़ज़
समझ कर नदी में प्रवाहित किया था

मैं जाने कितने सालों से ये कर रहा हूँ
ये हुनर जो मैंने न सीखा होता
तो शायद मैं उस दिन ही मर गया होता
जब तुमने इस पत्र की सिर्फ़ काग़ज़
समझ कर नदी में प्रवाहित किया था

"ख़ाली जेब"

टहलते हुए जेब में हाथ डाला
काग़ाज़ का एक टुकड़ा निकला
टुकड़े में तेरी लिखावट लिखी है
मुझसे वो तेरी लगावट लिखी है

कहीं दाग़ है कहीं एक मसर्रत
मसरूफ़ियत लिखी है कहीं एक फ़ुर्सत
कहीं दिनों को तूने रातें लिखा है
तेरे मेरे दिल के जो नाते लिखा है

चटक चाँदनी की उजली तबीयत
चाँद सितारों की ढेरों वसीहत
मेरी शक्ल-ओ-सूरत की सादा लिखा है
हँसी की मेरी तूने बादा लिखा है
जिसके नशे में करूँ चूर तुमको
तू ने मेरा ये इरादा लिखा है

मेरी सादगी तुझको भाती बहुत है
हिज़्र में तेरी याद आती बहुत है
क़फ़स आँखों को तूने मेरी लिखा है
मेरी बाँहों को एक ज़िंदान लिखा है

लिखा है कि उम्र कटेगी इन्हीं में
तृष्णा इन ही में और रेगी इन्हीं में
चाहे फिर कितना ही वक़्त लगेगा
लिखा है कि तू मेरा इंतिज़ार करेगा

मगर एक पुर्ज़ा भी और पड़ा है
अलविदा का उसमें शरारा गड़ा है
तेरी रुख़सती की एक तारीख़ है
मुझे छोड़ जाने की तहरीर है
वादा-ख़िलाफ़ी भी कह नहीं सकता
रज़ा है ख़ुदा की मैं लड़ नहीं सकता

तुझे दूर करता ये दम कहाँ था

तुझे ले गया वो आदम कहाँ था

मगर मेरी बातें ये सुन ली सनम

हिन्दू हूँ लूँगा मैं और एक जन्म

मिलूँगा मैं तुझसे क्षितिज के धड़े में

भले जा रही ही तू एक घड़े में

"साकिन हैं सब नज़ारे"

एक तुम ही गए दिल से
साकिन हैं सब नज़ारे
ये दरख़्त भी वहीं है
जिस छाँव में थे हम तुम

ये पैंतरे वहीं है
जिस दाँव में थे हम तुम
हम तुम हुए थे राज़ी
ये पार्क भी वहीं है

वहीं हैं फूल सारे
गुलिस्ताँ भी वहीं है
वहीं है अब भी बुलबुल
सय्याद भी वहीं है

उस बेंच का कलर जो
आज भी है वैसा
एक हू-ब-हू सा लड़का
बैठा है मेरे जैसा

वो राह तक रहा है
न जाने किसकी किसकी
वो मुँह छिपा के रोता
लेता है भारी सिसकी

ये देख कर मुझे तुम
फिर याद आ गए हो
पहले ख़ुदा थे मेरे
अब उसके बाद आ गए हो

बहर-हाल अब ये छोड़ो
आगे को बढ़ा जाए
ये रास्ता भी वैसा
जी तेरे घर की जाए

नुक्कड़ पे तेरे अब भी
मौजूद हैं दुकानें
वो आशिक़ों के अड्डे
और उनके वो ठिकाने

मैं दूर से यहीं से
ख़ुद को देखता हूँ
हँसता हूँ मुस्कुराता
शेख़ी बघारता हूँ

निगाहें नीची कर के
तुम उस गली से आती
देख कर के मुझको
जी तुम थी मुस्कुराती

पर याद है मुझे जी
वो और एक नज़ारा
टूटा था मेरे दिल का
यूँ सड़क पे सितारा

क्यूँ साथ मेरा तुमने
यूँ छुड़ा लिया था
वाजिब वज़ह न थी पर
तुमने दग़ा किया था

ये भँवरे तितलियाँ सब
मिरी नज़्म गा रहे हैं
कुछ लोग हैं जो मुझको
बाँस पर ले जा रहे हैं

फ़िज़ा है सर्द ऐसी
सब सर्द हैं शरारे
एक तुम ही गए दिल से
साकिन हैं सब नज़ारे

"शाम हो रही है"

आज जो फिर से ये शाम हो रही है
मंज़िल भी देखो गाम हो रही है

एक तो तुम भी ख़फ़ा से हो मुझसे
दूसरी जुनहाई जाम हो रही है

तुम्हारी हँसी की ये मिलकिय्यत है
जो मेरी हस्ती की दाम हो रही है

मिलना मिलाना तो कम करो मुझसे
शहर में चर्चा आम हो रही है

दिल में छुपी बातें आम हो जायें
नज़रें झुका लो ये ख़ाम हो रही है

पूरा है गीख यूँ के हाँ से तुम्हारी
नज़र ज़माने की फ़ाम हो रही है

शेर

फ़र्क़ है हम में बस यही जानाँ
हुस्न तेरा बहुत ही अदना है

****

उक़्दा-ए-इश्क़ ये हुआ कि दिल निकल गया
हम क्या गए बदन से तिरे तिल निकल गया

****

लटकती हैं मिरी लाशें किताब-ओ-ख़त के ख़ाने में
सुना है ख़ुदकुशी ग़ज़लों ने कर ली है ज़माने में

****

यहाँ सब आ के लुटते हैं मोहब्बत एक फंदा है
दिल-ए-बाज़ार सजते हैं वफ़ा भी एक धंधा है

****

बंद करके जो आँखें वो दिखने लगे हमने छोड़ी ये साँसें यूँ मर ही गए
इश्क़ में इम्तिहानों की हद थी मगर हम हदों पर चढ़े और गुज़र ही
गए

****

सूली-ओ-दार-ओ-रसन का एक छोटा मरहला
तुम ख़ुदा जिस दिन हुए तो ये जहाँ गर्द हो चला

****

सुन के मेरे ये सियह ना़मे सभी डर जाते हैं
मैं ़खफ़ा जिन से हुआ वो घुट के ही मर जाते हैं

****

मेरी तो क़ौम ज़ाया हो गई बन्दा-नवाज़ी में
मुझे काफ़िर बुलाते हैं जो ़खुद हैं बुत-परस्ती में

****

गुज़र गई है कई रात यूँ क़रीने से
मिटा दिए हैं कई नाम मैंने सीने से

****

आँधी में एक उड़ता परिंदा सा देख के
हैरान है वो मुझको यूँ ज़िंदा सा देख के

****

तन्हाई कुहन-ए-ग़म से मुख़्तसर रही
इक बस याद तिरी पूरी रात भर रही

****

कौन किसका हो सका है उम्र भर
फिर भी तुमको चाहते है हम मगर

****

झूठी बातों पे इख़्तियार किया
ख़ुद ही दीदा-ए-अश्क-बार किया

****

हमें ग़म का भरोसा है हमें धोखों की आदत है
मरा दिल ले के बैठे है न जज़्बातों में हरकत है

****

अब सच बहुत है महँगा तो तुम दाम कम का झूठ लो
अब है मोहब्बत रास्ते पे जाओ जाकर लूट लो

****

अब कहाँ अपनी मर्ज़ी के हैं हम
फिर ग़लत होती फ़हमी के हैं हम

****

सफ़र पर बरहमी में जाने क्या क्या कह गए तुम से
ये क्यूँ तर्ज़-ए-सुखन अख़्लाक़ सब फिर हो गए गुम से

****

आज़ाद ख़याल

"मदारी"

मैं क्या हूँ ?

एक तमाशा !

जिसे तुम रोज देखना चाहते हो

मेरी भावनाओं की तो जमूरा समझते हो

की तुम्हारी मुस्कान के डमरु पर

गुलाटियाँ मारे फिरती रहें

फिर अचानक से तुम

ये आवाज़ बंद कर दोगे

और मैं एक निढाल बंदर

की तरह थक कर गिर जाऊंगा

और फिर जब तुम्हारा

मन प्रेम के बाजार में

अपना शो दिखाने को होगा

तो मेरे गले मे रस्सी बांध कर

डमरु की आवाज़ पर

नाचने पर मजबूर करोगे

हाँ मुझे मालूम है

तुम्हे इस ध्यान आकर्षण के कुछ पैसे मिलेंगे

वो तो वाजिब है की किसी देश की करेंसि नहीं होगी

वो पैसे तो कुछ उन लम्हों के रूप मे होंगे

जो दिन के सारे काम खत्म करके

खाली तुम्हारे पास बचते हैं

हाँ ये सच है की वो लम्हे पहले बोरियत के रूप में

कबाड़ के माफिक तुम्हारे पास थे

पर अब

अब तो मैं मिल गया हूँ

एक बंदर

जिसकी नचा कर तुमने उन लम्हों की

सोने में बदल दिया है पर

उस दिन क्या होगा जब मैं तुम्हारे

खोखले डमरु की आवाज़ पर न नाचूं

तुमसे कहूँ मैं बहुत थक गया हूँ

मुझे ये डमरु की आवाज़ नहीं तुम्हारी आवाज़ चाहिए

जिसमे ज्यादा नहीं

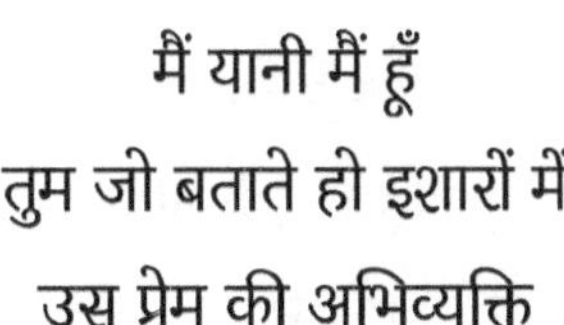

मैं यानी मैं हूँ
तुम जो बताते हो इशारों में
उस प्रेम की अभिव्यक्ति

मैंने अपने गले की रस्सी तुम्हे दी थी
कि उसे तुम भी अपने गले में पहनो
हम साथ साथ जीवन के पथ पर
प्रेम की गुलाटियाँ मारें
पर तुमने वो रस्सी हथेलियों के उपर
कलाइयों मे कस ली
और कब तुम मेरे हमसफर से
मेरे मदारी बन बैठे पता ही चला

और जब तुम मुझे जमूरा बना कर
खेल दिखा रहे हो
मैं इसका विरोध करूँगा
तो जानते हो तुम क्या करोगे
धीरे से अपनी कलाई से रस्सी खोल कर
मुझे झिटक दोगे

और सबको ये बताते हुए
की मैं एक पागल बंदर हूँ
मुझे या तो जीवन रुपी सड़क पर छोड दोगे
या मुझे मजबूर करोगे की
मैं गले मे पड़ी रस्सी का सहारा लूँ

फिर एक मदारी भी मुक्त हो जायेगा
और एक बंदर भी

www.ingramcontent.com/pod-product-compliance
Lightning Source LLC
Chambersburg PA
CBHW062232150726

47991CB00006B/2552